布达拉宫的流动画卷

黄建鹏　编著

中国藏学出版社

目录

布达拉宫的流动画卷

巍然矗立的布达拉宫与她脚下流动的历史

黄建鹏

从二十多年前搜集第一幅西藏影像，迄今我已经收藏了数千幅关于西藏的影像原作和摄影作品。

策展 2009 年中国美术馆蓝志贵个展时，我选择了他拍摄的十多幅以布达拉宫为背景的系列作品，放在展厅显著位置，观众反响强烈。之后，我时时关注和收集关于布达拉宫的原版影像。通过研究作品、文献、资料、书籍，基本理清了世界上近六十位重要摄影人拍摄早期西藏的基本情况。

看过数万张关于西藏的影像，留给我印象最深刻的还是 20 世纪初至 20 世纪 80 年代的西藏影像。这些早期影像宁静、平和，经过时间的沉淀，凝聚出一种喜马拉雅崇高的气质，不同于今天大多数摄影者用单反数码相机拍摄的过于奇光异彩的西藏影像。

十多年前，我就知道俄国人崔比科夫是最早拍摄拉萨的摄影人和藏学学者，但一直找不到他的高品质影像。直到 2017 年 6 月，意外发现了国外出版的有关崔比科夫拍摄西藏的画册。在本文中，我选用了他 1901 年拍摄的一幅布达拉宫的早期影像，这幅影像是西藏摄影史上最早关于布达拉宫的影像作品。

在收集西藏影像作品及文献资料的过程中，我得到了很多人的帮助。2012 年的两次英国之行，我印象最深刻的是在牛津大学彼特里斯博物馆，与克里斯・莫顿博士等研究人员的交流。这家博物馆收藏了大量 1950 年以前全球多位摄影家拍摄的西藏影像，他们将最重要的作品拿出来让我观看，甚至带我到库房内参观了他们有关西藏影像的馆藏。我见到了大量有关西藏的早期原作，包括馆藏的贝尔及多位重要摄影家早期作品以及 1987 年在英国展览的《西藏，一个伟大的多山之地》的展览原件。我购买下这个展览的原件，并顺利带回国，这本书中有多幅作品选自这个展览。

经过多年收集和研究，我认为西藏摄影史上有八位最为重要的摄影人，他们是：俄国人贡博扎布・采别科维奇・崔比科夫 (G.Ts. Tsybikov)、英国人约翰・克劳德・怀特 (John Claude White)、瑞典人斯文・安德斯・赫定（Sven Anders Hedin）、日本人青木文教（Bunkyō Aoki）、英联邦印度人查尔斯・阿尔弗雷德・贝尔爵士（Sir Charles Alfred Bell），以及中国人全绍清（Shaoching H. Chuan，M.D.）、车仁・晋美松赞旺布（Jigme Taring）和蓝志贵（Lan Zhigui）。

由于地理和文化的原因，在很长时间里，西藏相对于外界是一片封闭而神秘的土地。20 世纪 50 年代以前，来自法国、俄国、日本、英国、德国、美国、尼泊尔、锡金等国及中国内地的摄影人排除万难，相继来到拉萨，拍摄了圣城拉萨的布达拉宫。

贡博扎布・采别科维奇・崔比科夫是最早进入拉萨的外国摄影人。他于 1899 年 11 月 25 日开始西藏之行，装扮成一名到西藏朝圣的布里雅特香客，先后参观了西藏一些大城镇和重要寺院，包括拉萨的哲蚌寺、色拉寺和甘丹寺，日喀则的扎什伦布寺，泽当的桑耶寺等。这次西藏旅行的结束日期为 1902 年 4 月 4 日。他是第一位进入拉萨拍摄的俄国学者和摄影师，于 1901 年拍摄了布达拉宫的高清影像，成为第一个拍摄拉萨和布达拉宫的摄影师。

之后，英国人约翰・克劳德・怀特和入侵西藏的英军一起进入拉萨。1904 年，他拍摄了从拉萨西门眺望布达拉宫的影像，圣城的神秘面纱再度被揭开。

毕业于天津北洋医学堂的满族人全绍清，是最早进入拉萨拍摄的国人。1906 年至 1907 年，他随清廷派往西藏的钦差大臣入藏，任钦差大臣行署医官，驻西藏两年。在西藏期间，他拍摄了反映西藏的系列纪实影像。美国《国家地理》杂志 1912 年 10 月号用一个专辑介绍中国，《世界上最奇特的城市》这篇文章由全绍清撰文，其中刊发了他拍摄的六十幅拉萨照片，这些照片全面介绍了拉萨的风土人情、名人肖像，藏族宗教、文化、建筑和服饰，其中站在药王山上拍摄的布达拉宫全景，是我们现在能够看到由国人拍摄的布达拉宫的最早摄影作品。

瑞典人斯文・安德斯・赫定是亚洲中部最有名的探险者之一，也是一位受人尊敬的摄影家及艺术家。1896 年，他由西向东跨越西藏北部高原。 1900 年至 1901 年，他向西藏南方前行，想进入拉萨，被噶厦政府禁止，他只能向西行进，穿越西藏中心的湖区。1906 年和 1907 年，赫定得到允许，可以拜访扎什伦布寺。在日喀则，他得到九世班禅额尔德尼曲吉尼玛的照顾。1907 年至 1908 年间，他在喜马拉雅地区旅行、测绘及拍摄。这个地区位于西藏南部，平行于喜马拉雅山脉，跨越雅鲁藏布江大峡谷，此前还没有被测绘过，在地图上尚是一片“白地”。赫定在玛旁雍错考察了一个月，这个湖是佛教和印度教的圣湖，还可以看到中国神山“冈仁波齐”，被称为世界上最美的地区之一。之后他穿过西藏和新疆到达拉达克，然后回到了瑞典。

赫定最为重要的功绩，是通过摄影报道的形式最早向西方人传播介绍了西藏。他以摄影家独特的视角及探险家的精神，用相机记录了早期的西藏。他曾向法国《插图》（L’Illustration）杂志及多家英文报纸杂志投稿，用图文并茂的形式介绍西藏。他第二次进入西藏地区拍摄的影像，非常精彩。他还是西藏摄影史上最早记录神山冈仁波齐的摄影家，虽然没有机会拍摄拉萨和布达拉宫，但依然是西藏摄影史上最为重要的摄影家之一。

青木文教是日本著名藏学家。1909 年，他被西本愿寺法主大谷光瑞选定为派往西藏的留学生，1910 年 2 月，十三世达赖喇嘛在大吉岭会见了青木文教。青木文教想跟随达赖喇嘛一同进藏，但英印政府未予许可。1912 年 9 月 9 日，青木文教化装成西藏的朝圣者进藏，10 月 2 日抵达日喀则，10 月 9 日离开，于 10 月 15 日抵达距拉萨只有八十公里的塞曲科羊子寺。达赖喇嘛也刚从桑顶寺移居到这里。由于川军与藏军之间的战事尚未结束，达赖喇嘛一行在塞曲科羊子寺一直滞留至 1913 年年初。1913 年 1 月 22 日，青木文教与十三世达赖喇嘛一行一同进入拉萨，被安排在大贵族彭康家中居住。他在拉萨整整居住了三年，于 1916 年 1 月 23 日离开拉萨，前往锡金甘托克。青木文教 1912 年至 1916 年在西藏拍摄了珍贵的影像，全景式记录了西藏这一时期的宗教、军事、文化、市井生活及人物肖像。其中 1913 年至 1916 年期间拍摄的拉萨影像尤其珍贵。

青木文教在西藏生活的三年中，拍摄的有关布达拉宫的作品构图严谨，清晰度高，信息量大，是研究这一时期西藏艺术及历史的重要影像之一。很多底片洗印的原作通过《亚东映画集》出版发行，得以传世。

英联邦印度人查尔斯·阿尔弗雷德·贝尔，英印政府官员，是记录 20 世纪 20 年代西藏影像的摄影家。贝尔政治生涯最重要的事情就是 1910 年认识了十三世达赖喇嘛并与其相见。当时达赖喇嘛迫于川军的压力逃往锡金。贝尔作为当时英印政府的行政长官，为达赖喇嘛提供了帮助。这种亲密的关系一直持续到十三世达赖喇嘛去世。

1920 年，贝尔被英印政府派往拉萨，加强英国与西藏地方的联系。1921 年 9 月，他离开西藏。贝尔于 1934 年再次回到西藏，这一次与他的妻子卡西等一同前往。贝尔是英印官员在西藏地区最有影响力的人物，藏语成为他熟练掌握的语言。

贝尔 1920 年至 1921 年和 1934 年两次来到拉萨，在这期间，他大量拍摄这一时期的西藏影像，系统出版了《西藏的过去》《西藏的宗教》《西藏的人民》等多部著作。很多西方读者都是通过他的著作及其摄影作品了解这一时期西藏的。他出版的这些书籍和摄影作品，现在在西方还有很强的影响力。

车仁·晋美松赞旺布是西藏重要的摄影家。1932 年前，他在印度大吉岭接受英式教育，后回到江孜的自家庄园。

1932 年下半年，应噶厦政府邀请，在藏军中任翻译及指导藏军使用英式武器。20 世纪 30 至 40 年代，他开始拍摄十三世和十四世达赖喇嘛及噶厦政府一些重要活动的影像，主要记录了 20 世纪 30 至 50 年代的西藏。

1951 年至 1970 年，蓝志贵在西藏用镜头留下数以千计高质量的人文摄影作品，忠实记录下 1951 年至 1970 年间的西藏。他拍摄了进军西藏、康藏公路建设、西藏平叛、西藏民主改革、中印边境自卫反击战、西藏自治区成立等一系列重大历史事件；拍摄了西藏民俗、宗教、文化，还有少数民族中的珞巴族人、门巴族人等大量早期图片，极其珍贵。他拍摄的代表作《拉萨节日的欢乐》获得新中国摄影史上第一个国际金奖。蓝志贵是新中国摄影史上的重要人物，是西藏摄影史 1951–1970 年的代表人物，同时他也是一位用艺术家视角拍摄西藏的摄影大师。

从 2007 年开始，我带着摄制组数十次从南京飞往成都，对蓝志贵老师做深入的访谈，录制了数十小时的视频。我们抢救性地挖掘他的摄影作品，将他过往的创作进行系统性的整理和研究。2015 年 7 月，我沿着他在西藏创作作品的线路，去了那曲、拉萨、日喀则、山南、林芝等地。2019 年 4 月，我又从拉萨经羊湖到江孜县、日喀则市、谢通门县、拉孜县，寻找他镜头下的城镇和场景。2020 年 6 月，我与同学鞠宏、朋友张志刚自驾从南京出发经 318 川藏线沿着蓝志贵拍摄修筑川藏公路的线路行进，经甘孜、昌都、八宿、波密，再经墨脱、鲁朗、米林到达朗县。蓝志贵在朗县拍摄了大量的作品。我们还经过加查县去了民主改革期间他拍摄了大量代表作品的拉加里，即今曲松县。他在曲松遇到了心爱的姑娘，迎来了他的爱情。之后，我们又去了藏北及阿里地区，寻找蓝志贵拍摄的足迹。蓝志贵当年以布达拉宫为背景的那些环境和场景，都已基本消失。物是人非，只有布达拉宫屹立在那里。

西藏摄影史上这些重要的摄影师，他们拍摄布达拉宫影像时，有些可能是架在三脚架上认真取景拍摄，有些也许只是不轻易间按下了快门。这些影像，为后人留下了珍贵的文化遗产。

“布达拉”原意为佛教圣地，以此为这座地标性宫殿命名，可以想见她在藏族人民心目中的崇高地位。一千三百多年前始建的这个建筑群，已成为藏民族政治和文化的地标，是藏民族的视觉符号，更是藏民族文化视觉的象征。

作为视觉符号的布达拉宫，在不同的历史时期，经不同摄影人的拍摄，呈现出不同的历史画卷。

1954 年之前，汽车还没有通到拉萨，去圣城的道路并不平坦。这之前到达拉萨的各国摄影人，无论他们从哪条路进藏，都必须翻越崇山峻岭，踏过冰河险滩。很多旅行者没有如此幸运，在进藏的行程中被西藏地方政府拒绝进入拉萨，强行改变了行走的方向，很多人最终都不曾有机会进入圣城。

最终得以进入拉萨、拍摄布达拉宫影像的人，无论当初为什么目的来到西藏，他们共同记录了不同时代的布达拉宫，这样的记录本身就功不可没。

不同国别、不同背景、不同时空的摄影者，以不同的视角进行拍摄，将布达拉宫这一视觉符号和文化象征，与具体的事件相结合，瞬间构成的时空静止的影像，再经过数十年、一百年的沉淀……我产生了将各个历史时期重要摄影家拍摄的布达拉宫的影像集结、展览和出版的想法。

以布达拉宫为视觉符号，结合西藏历史的脉络，我将这些影像按着时间轴线重新排序，希望读者看到流动的历史画卷。

这种单幅作品的静止画面融合在一起，营造出历史画卷中诱人的连续性，片断的集合就能更为直观地“见证”历史。

此书中选择了大量的原作和限量版作品，这些作品均由底片经过暗房工艺制作成摄影艺术作品。画面优美，影调柔和，代表了那一时期摄影的高峰。

“摄影原作”是指艺术家、摄影家在摄影创作后短期内亲自在暗房放大、制作，或亲自指定制作人员按照自己的创作理念及摄影语言习惯完成的第一批作品。

愿这 121 幅跨度 121 年的影像，对你认识拉萨和布达拉宫有所助益。

传小召，布达拉宫展佛

1901 年，［俄］贡博扎布·采别科维奇·崔比科夫摄

崔比科夫是最早进入拉萨的外国摄影人，于 1899 年 11 月 25 日开始西藏之行，旅行的结束日期为 1902 年 4 月 4 日。据其行程推断，这幅作品应该拍摄于 1901 年藏历二月举行的传小召活动的最后一天。

崔比科夫最早拍摄了拉萨，也是最早记录和拍摄布达拉宫影像的藏学学者、摄影师。这幅作品是我们能够看到的世上第一批有关布达拉宫的影像作品之一。

拉萨西边的城门

1904 年，［英］约翰·克劳德·怀特摄

这幅从拉萨西边的城门远眺布达拉宫的作品，最大的特点是记录了布达拉宫脚下西门的原始场景。以前的西门除白塔外，靠近白塔旁还有一幢三层小楼，据说这幢三层小楼是拉萨的一个粮库。西门白塔在拉萨人心目中占有重要地位。

拉萨全景

1904 年，［英］约翰·克劳德·怀特摄

1888 年，怀特成为西藏－锡金边界的政府公务员。1900 年升任为锡金政治官员。怀特认为，俄国不仅对西藏战略地位非常重视，还对西藏的贸易很感兴趣。他知道俄国与清政府在边界问题上进行了多年的谈判。1902 年，他组织西藏－锡金边界护卫队，1904 年，他随英军入侵拉萨后，拍摄了拉萨全景。

虽然崔比科夫比怀特更早一些时间进入拉萨拍摄，但我们不能确认前者是否拍摄了拉萨全景。怀特的这幅作品由三张底片接拍而成，呈现了那个时代拉萨全景中的很多细节，是最早的拉萨全景接片影像。

藏军在布达拉宫前扎营

1906-1907 年，全绍清摄

20 世纪初，布达拉宫脚下的广场还是原始的地貌，地面起伏不平。1906 年前后的拉萨只有三公里长，一点五公里宽，没有城墙，围城而建是宽敞的土路。所有人都以步代车，牦牛和马匹是仅有的运输工具。藏军也只能以马匹代步，唯有达赖喇嘛和两个驻藏大臣才能乘轿出行，其他任何人都无权享受这种待遇。

远眺布达拉宫

1906-1907 年，全绍清摄

1906—1907 年，满族人全绍清随清廷派往西藏的钦差大臣入藏，任钦差大臣行署医官，驻西藏两年。在西藏期间，他拍摄了反映西藏的系列纪实影像。

布达拉宫脚下的藏军

1913–1916 年，［日］青木文教摄，摄影原作，银盐纸基，11.1×15.3cm，作者收藏。

1912 年 9 月，青木文教化装成朝圣者踏上了进藏之路。他在西藏生活了三年多，全景式拍摄西藏，影像品质是那个时期西藏摄影的一座高峰。

这幅作品是藏军在布达拉宫脚下的合影。当时的藏军主要分为三类：第一类名曰“出师”，意即随时可出动参加实战的兵力；第二类名曰“僧兵”，兵员为僧侣，僧兵战斗力极强，曾令英军胆寒；第三类名曰“预备役”，当时的常备预备役兵力约六千五百人。“预备役”虽单兵勇猛善战，但协同作战能力很差。

西藏的军队骑马行进

1913–1916 年，拉萨，［日］青木文教摄，摄影原作，银盐纸基，15.3×11.1cm，作者收藏。

此作由日本著名藏学家青木文教拍摄于 1913—1916 年，记录了藏军从拉萨西门出城后，向西郊行进的过程。这时的拉萨城区范围非常小，主要集中在八廓街附近。郊区基本上都是农田和空地。

进入拉萨的城门

1913–1916 年，［日］青木文教摄，摄影原作，银盐纸基，11.1 × 15.3cm，作者收藏。

拉萨的西门非常特别，它是在藏传佛教白塔下开了一个大门，从西门进入拉萨都将穿塔而入。日本藏学家、摄影家青木文教拍摄记录了 20 世纪初从拉萨西门为前景观看布达拉宫的影像。

从西门外远眺布达拉宫

1913–1916 年，［日］青木文教摄，摄影原作，银盐纸基，11.1×15.3cm，作者收藏。

这幅 20 世纪初拍摄的作品可以看出从拉萨西门白塔出来后，便是沃野千里的农田。画面中的两条小路的交汇点正是现在的北京中路与罗布林卡路的交汇处。一百多年来，拉萨发生了巨变。

从拉萨的民居屋顶眺望布达拉宫

1913–1916 年，［日］青木文教摄，摄影原作，银盐纸基，11.1×15.3cm，作者收藏。

此幅作品是青木文教拍摄的早期西藏摄影作品，从布达拉宫东南角远眺这座圣殿。从地理位置来看这些建筑坐落于当时拉萨的繁华地段，距八廓街不远。画面前景为典型的藏式住宅。20 世纪初，拉萨的住宅基本为一层或两层的平顶住房，三层的建筑基本集中在八廓街上，这些住宅大多数由树木、院落及建筑主体构成。

布达拉宫——达赖喇嘛的宫殿

1920–1921 年，［英］查尔斯·阿尔弗雷德·贝尔摄

暗房精放，展览作品，36.3×49.9cm，原牛津大学皮特里斯博物馆收藏，现作者收藏。

这幅 20 世纪 20 年代初期的布达拉宫作品，出自贝尔之手。这幅作品记录了早期布达拉宫与布达拉宫广场的景象，画面左下角的两孔小桥和过往的行人，使我们体验到那个时期拉萨的市井生活。

照片中的人、小桥和水塘，如今都不复存在，只有布达拉宫依然屹立在红山之上。

布达拉宫全景

1920–1921 年，［英］查尔斯 · 阿尔弗雷德 · 贝尔摄

暗房精放，展览作品，35.2 × 48.9cm，原牛津大学皮特里斯博物馆收藏，现作者收藏。

贝尔毕业于牛津温彻斯特学院及新学院，牛津大学皮特里斯博物馆收藏了他拍摄的大量西藏作品。皮特里斯博物馆于 1987 年举办《西藏，一个伟大的多山之地》展览，贝尔的多幅作品入选此展。笔者购买了此次展览的原件并带回中国。这幅作品是贝尔早期关于西藏的代表作品之一。

拉萨的街道与远处的布达拉宫

1920–1921 年，［英］查尔斯·阿尔弗雷德·贝尔摄

暗房精放，展览作品，37.3×49.5cm，原牛津大学皮特里斯博物馆收藏，现作者收藏。

这幅作品是贝尔在八廓街驻藏大臣衙门附近街道向西北方向拍摄。画面反映了早期八廓街的景象。街道两旁有一些商铺。画面中央是一座白塔，远处布达拉宫的影像依稀可辨。此作对称构图，近景、中景、远景随着不同距离，色阶发生变化，增强了透视感。

从东南面看布达拉宫

约 1930 年，［英］詹姆斯·莱斯利堰·威尔摄

这幅作品很有特色，威尔以通往拉萨市中心的道路为前景，将往返于市中心八廓街的人们记录了下来。拉萨当时是一个很小的地理概念，布达拉宫的地理位置在拉萨郊区，布达拉宫附近的人去八廓街，称为“去拉萨”。

从南边拍摄布达拉宫

约 1930 年，［英］詹姆斯·莱斯利堰·威尔摄

1930 年，英国人詹姆斯·莱斯利堰·威尔陆军中尉的西藏之行拍摄了大量的摄影作品，其中《唐纳的寺庙》图片中悬挂的动物头和人头的标本，使人印象深刻，正是威尔的记录使我们有机会看到反映那个时代西藏宗教中不容易见到的影像。他拍摄布达拉宫时，布达拉宫南面还是原始地貌，小河、水塘穿过这一区域。

布达拉宫前的方尖碑

1934 年，［英］查尔斯·阿尔弗雷德·贝尔摄，摄影原作，孤品，银盐纸基，5.6×5.6cm，作者收藏。

这张照片拍摄于 1934 年，记录了布达拉宫脚下的雪城中竖立的恩兰·达扎路恭纪功碑，该碑为方柱形，碑的正面刻有文字，此碑由赞普赤松德赞建造。该碑原位于拉萨市布达拉宫脚下雪村内，现位于北京中路南侧、布达拉宫广场东北角，与布达拉宫隔北京中路相望。图片反映了早期雪城与布达拉宫的建筑景观。

德央厦广场上的佛事活动

1936-1937 年，［英］弗雷德里克·斯宾塞·查普曼摄

暗房精放，展览作品，

39.8×28.6cm，原牛津大学皮特里斯博物馆收藏，现作者收藏。

1936 年，查普曼随英国的一个使团到达拉萨，这个使团的主要任务是调停九世班禅喇嘛从内地返回西藏的事宜，查普曼是这个使团的教育顾问和摄影师。1937 年 12 月 1 日，九世班禅大师在玉树大寺甲拉颇章宫内圆寂。虽然这个使团的主要工作由于九世班禅喇嘛的去世而结束，但他随这个使团在拉萨继续生活工作了五个月。这期间，他拍摄了大量有关拉萨的影像。

从布达拉宫下的雪城向上攀登，在半山腰处，有一近两千平方米的平台，这就是著名的德央厦广场。此广场为噶厦高级官员和历代达赖喇嘛观赏藏族歌舞、藏戏及举办重要活动的场所。

从宇妥桥眺望布达拉宫

20世纪40年代，车仁·晋美松赞旺布摄，摄影原作，孤品，银盐纸基，12×15.8cm，作者收藏。

这幅作品由达赖喇嘛的专职摄影官车仁·晋美松赞旺布拍摄，是1955年他与蓝志贵相互赠送交换的二十几幅作品之一。蓝志贵收藏了五十多年后，转赠给笔者。蓝志贵还在照片后撰写了文字，鼓励笔者更好地研究西藏摄影史。车仁·晋美松赞旺布是西藏摄影史上重要的摄影家，其存世摄影原作非常少见，极为珍贵。

拉萨东郊穷人的帐篷

1951 年，徐乐天摄，摄影原作，孤品，银盐纸基，3.8 × 5.3cm，作者收藏。

这张图片的拍摄者徐乐天先生是 1951 年张经武去西藏时三人医疗小组成员之一。他们 1951 年 6 月 13 日由北京出发赴藏，经香港、印度，于 1951 年 8 月 8 日到达拉萨。他们是《中央人民政府和西藏地方政府关于和平解放西藏办法的协议》（简称《十七条协议》）签订后最早到达拉萨的内地人。这幅图片拍摄于 1951 年，地点在布达拉宫东南方向，前景中的破烂帐篷与远处的布达拉宫形成鲜明的对比。

十八军先遣支队进军西藏到达拉萨

1951 年 9 月，袁克忠摄，暗房精放作品，银盐纸基，50.8×61cm，作者收藏。

1951 年 5 月 23 日，《十七条协议》在北京签订。7 月，解放军各路部队开始向西藏和平进军。解放军先遣支队进军拉萨，在王其梅的带领下，7 月 25 日先遣支队由昌都出发，于 9 月 9 日到达拉萨。十八军前方部队进驻拉萨和边防要地，在张国华、谭冠三的带领下，8 月 28 日，十八军前方部队由昌都出发，于 10 月 21 日到达拉萨郊外的德庆，10 月 26 日进城，西藏地方政府在拉萨东郊举行隆重的欢迎仪式。十八军独立支队进军拉萨，在范明的带领下，8 月 14 日，十八军独立支队由西宁出发，于 11 月 27 日到达拉萨。解放军云南部队进军察隅，在高建兴的带领下，8 月 22 日从扎那出发，于 10 月 1 日进驻察隅。解放军新疆部队进军阿里，在安志明的带领下，5 月 6 日从于田出发，于 8 月 3 日到达阿里首府噶大克（现噶尔县）。图为十八军先遣支队到达拉萨时所拍摄的影像。

摆放在布达拉宫前的毛泽东、斯大林像

1951 年，徐乐天摄，摄影原作，孤品，银盐纸基，3.8×5.3cm，作者收藏。

《十七条协议》签订后，中央决定派张经武为中央人民政府赴藏代表去西藏。张经武与乐于泓等随行人员与西藏地方政府和谈代表凯墨·索安旺堆、土丹旦达和桑颇·登增顿珠，于 6 月 13 日离京飞往广州。他们途经香港，绕道印度加尔各答、噶伦堡、锡金甘托克，翻越锡金与西藏边界的喜马拉雅山脉之乃堆拉山口，于 1951 年 7 月 14 日到达亚东。张经武一行于 7 月 22 日离开亚东，8 月 8 日抵达拉萨。此图为张经武一行三人医疗小组之一的徐乐天医生所拍摄，此作拍摄于 1951 年 10 月 1 日，进藏部队先遣支队司令员兼政委王其梅的部下正在布置庆祝会场。

着盛装游行的官员

1952 年，徐乐天摄，摄影原作，孤品，银盐纸基，3.8×5.3cm，作者收藏。

此作拍摄于 1952 年春天传大召期间，人们着盛装参加每年一度的拉萨传召大法会。此项活动 1409 年首次举办，是为纪念释迦牟尼而设的祈愿法会。

西藏军区成立大会

1952 年 2 月 11 日，范石林摄，暗房精放作品，银盐纸基，35.7×50.8cm，作者收藏。

1952 年 2 月 10 日，西藏军区成立大会在拉萨河畔的孜仲林卡举行。次日，驻拉萨的人民解放军、西藏地方部队和西藏僧俗及市民一万余人在布达拉宫广场，举行庆祝中国人民解放军西藏军区成立大会。图为解放军、西藏地方部队和僧俗、市民参加大会的盛况，从左至右为解放军、地方部队、西藏僧俗和市民代表。此作发表于《中国摄影》杂志 2021 年第 5 期。

西藏地方政府官员检阅军队

1952年，顿珠郎加擦绒摄

西藏军区成立时，邀请了西藏地方政府官员参加成立大会。西藏军区司令员张国华向藏军总司令凯墨·索安旺堆及其第一、第二、第四、第六团授予中华人民共和国国旗。西藏地方政府首席噶伦然巴、班禅堪布会议厅代表何巴顿、昌都地区人民解放委员会代表等，相继向军区领导人敬献锦旗、哈达和鲜花。图为西藏地方政府官员出席庆祝活动。

西藏军区成立阅兵

1952 年 2 月 11 日，范石林摄，暗房精放作品，银盐纸基，41.6×60cm，作者收藏。

1952 年 2 月 11 日，驻拉萨的人民解放军西藏地方部队和僧俗人民为了欢庆西藏军区成立，举行庆祝游行和阅兵。张经武、张国华、谭冠三、范明、阿沛·阿旺晋美等领导检阅了部队。图为被检阅的解放军部队。

十八军进军西藏后，在布达拉宫广场军民欢度进藏后的第一个春节

1952 年，佚名摄，摄影原作，银盐纸基，约 15.2×20.3cm，作者收藏。

1951 年 5 月 23 日，中央人民政府与西藏地方政府签订了《十七条协议》。当年 7 月，多路大军进军西藏。10 月，解放军十八军前方部队进驻拉萨和边防要地；解放军十八军独立支队 1951 年 9 月 7 日到达拉萨东郊蔡公堂；解放军新疆部队 1952 年 10 月进驻阿里，完成了中国大陆的统一。

图片中除五星红旗外，还有“祝贺首长身体健康”等字样。图片原注释为 1952 年军民欢度春节，但根据图片中人员的衣着，笔者认为更像是在拉萨春夏之交的季节或秋季所拍摄。

十八军女子排球赛

1953 年，佚名摄，摄影原作，孤品，银盐纸基，5.8×5.8cm，作者收藏。

十八军各部队有不少女兵，这些女兵进藏时，绝大部分是花季少女，她们与男兵一样翻雪山过冰河，风餐露宿，历经千辛万苦。这些女兵在甘孜机场修建、部队医疗卫生建设、文化宣传及与西藏各民族团结等各方面都做了很大贡献。进入西藏后，她们还积极组织文体活动，丰富军队的生活。图为十八军“建经”女子排球队和“独支”女子排球队在进行比赛。

4

藏族演员表演传统的藏族舞蹈

1954 年，［捷克斯洛伐克］弗拉迪米尔·西丝、约瑟夫·沃尼什摄

1952 年，中央政府邀请友军捷克斯洛伐克军队的两名专业电影人、摄影师弗拉迪米尔·西丝和约瑟夫·沃尼什帮助中国人民解放军拍摄第十八军后方筑路部队和藏族农民工修筑康藏公路的纪录片，片名为《通向“世界屋脊”的幸福之路》。他们是历史上第一批来到西藏的捷克斯洛伐克人。这两位摄影师用电影摄影机拍摄了甘孜、昌都至拉萨修筑康藏公路的过程。同时他们用照相机记录了从甘孜至拉萨沿线广大地区的图片。1953—1954 年，他们还在西南军区开办了“捷克陆军学院摄影培训班”，为解放军培训摄影人才。弗拉迪米尔·西丝和约瑟夫·沃尼什回国后，于 20 世纪 50 年代中后期出版了《穿越西藏之路》，这本书记录了他们这次行程及拍摄工作。

图为弗拉迪米尔·西丝和约瑟夫·沃尼什游览布达拉宫

汽车开到拉萨

1954 年 12 月 23 日，蓝志贵摄，摄影原作，银盐纸基，7.6×7.6cm，作者收藏。

《汽车开到拉萨》发表在 1955 年 3 月号《解放军画报》封面上，这时蓝志贵才 23 岁。《汽车开到拉萨》入选新中国出版的第一本《摄影艺术选集》及新中国最早的全国摄影展览。

车队第一次开到拉萨

1954 年 12 月 23 日，蓝志贵摄，限量版摄影作品，银盐纸基，40.6×40.6cm，作者收藏。

这幅以布达拉宫为远景的作品，记录下车队第一次开进拉萨时的景象。蓝志贵了解到 12 月 23 日车队将举行入城式，就于 12 月 20 日前后，从拉萨河南岸他的部队驻地帐篷中专门过拉萨河进城选取了这个角度。23 日，车队准备进城时，他站在选好的一处围墙边的房顶上，等待车队通过。

康藏公路通车是一个重大的历史事件，中央及地方派了近百名摄影记者报道。绝大多数摄影记者拍摄的画面都是低角度局部的场景，唯独蓝志贵选用了高角度，拍摄了大全景。

原始状态下的布达拉宫广场

1955年，蓝志贵摄，暗房精放作品，银盐纸基，40.6×40.6cm，作者收藏。

1954年12月，康藏公路通车。通车之前，拉萨市区的市政建设非常缓慢，很多基础设施的建设集中在1959年之后。图为康昂南路附近的原始地貌，其中有一条小河穿广场而过。1976年布达拉宫广场改造时，将这条小河改造成了布达拉宫广场东侧的山水景观。

远眺布达拉宫·欢庆拉日公路通车

1955年，蓝志贵摄，限量版摄影作品，银盐纸基，40.6×40.6cm，作者收藏。

1955年3月初，拉（萨）日（喀则）公路初步通车，有些路段时常有塌方，道路中断现象时有发生，经过半年多的试运行，于1955年10月20日举行通车典礼。图为初步通车时，拉萨各族群众欢庆拉日公路通车的景象。

庆祝拉日、日江公路全线通车！

1955 年，蓝志贵摄，摄影原作，银盐纸基，5.6×5.6cm、11×11cm，作者收藏。

1955 年 10 月 20 日，连接西藏的三大城市——拉萨、日喀则、江孜之间的公路全线正式开通。西藏军区政委谭冠三为通车典礼剪彩。西藏各族群众欢庆三大城市公路全线通车。

7 11744

7 11772

从东南方向眺望布达拉宫

1955 年，拉萨，蓝志贵摄，摄影原作，孤品，接片，银盐纸基，3.8×9.3cm，作者收藏，首次发表。

1954 年 12 月康藏、青藏公路通车到拉萨，西藏军区后方筑路部队及内地大量的人员和物资开始进入拉萨，与 1951 年进军西藏的官兵汇合。除了新平整了布达拉宫广场，这时的拉萨很多自然景观还保留原始的状态。摄影师站的这个拍摄位置还是个养马场。此幅作品由摄影师从布达拉宫的东南方向向西北方向拍摄。六十多年来，拉萨发生了翻天覆地的变化。这张作品为早期原作，只留下唯一一幅，底片已不知去向。

拉萨全景

1955 年，蓝志贵摄，摄影原作，孤品，接片，银盐纸基，13.7×31.5cm，作者收藏。

这幅作品拍摄于 1955 年。我与蓝志贵的访谈中专门问及此幅《拉萨全景》作品的拍摄经过。他告诉我，初夏的一天，晴空万里，他与战友将一台六七十斤重的照相馆用的座机一同扛上药王山，这台座机是十八军从重庆购买的，进军西藏时带入拉萨。他拍摄了两张 5×7 英寸的胶片，用两张底片接片的方式将那一时期的拉

萨全景高品质地展现出来。画面中布达拉宫前的地貌还处于原始状态，现在布达拉宫广场及和平解放纪念碑这一带还是西藏贵族的养马场。摄影作品中清晰可见数十匹马儿在吃草息憩，小河潺潺穿过布达拉宫南部区域，植被茂密。现在的北京中路还是一条小马路，上面熙熙攘攘的走着行人和牦牛。此幅作品早期拍摄的底片已经丢失，只剩下1955年暗房接触印相的孤版银盐纸基原作。2019年3—5月，在布达拉宫举办的“庆祝中华人民共和国成立70周年、纪念西藏民主改革60周年、绽放的雪莲——蓝志贵个人摄影作品展”中展出了这幅作品的数码放大版，观看这幅作品的观众络绎不绝，大家都非常喜欢这幅作品。很多人用手机拍摄后发朋友圈传播这幅康藏公路通车后最早的拉萨全景接片作品。发表于2016年5月号第三期《西藏人文地理》内页两个整版。

中央代表团的文艺工作者在拉萨慰问演出

1956 年 4 月，蓝志贵摄，摄影原作，银盐纸基，5.6×5.6cm，作者收藏。

1956 年西藏自治区筹委会成立之即，中央派出了以陈毅为团长的 800 多人的代表团前去祝贺。3 月 16 日，代表团乘火车由北京出发，到达兰州后转乘 300 多辆汽车经青藏公路于 4 月 17 日到达拉萨。拉萨市民及僧俗身着节日盛装，夹道欢迎中央代表团。图为随中央代表团一同前往的文艺工作者在布达拉宫广场表演京剧。

第一台联合收割机在拉萨展出

1955 年，蓝志贵摄，限量版摄影作品，银盐纸基，40.6×40.6cm，作者收藏。

康藏公路通车后，这台联合收割机由上海拆成零件运送到成都，再由成都经康藏公路运到拉萨。联合收割机是现代化、工业化的标志，这时云、贵、川的农业生产依然原始落后，但中央政府第一时间将这一现代化的生产工具运到拉萨，其象征意义不言而喻。

23 岁的蓝志贵在布达拉宫前留影

1955 年，林安波摄，摄影原作，银盐纸基，12.5×9.1cm，作者收藏。

蓝志贵 1932 年 10 月 16 日出生于重庆巴县白市驿，2016 年 6 月 10 日在成都去世。1945—1948 年，他在陪都重庆三家最好的照相馆之一皇宫照相馆当学徒，学习照相馆各个流程的专业技术。满师后，1949 年在重庆青年宫用十多个月的业余时间向留学欧美的老师学习了美术基础知识、色彩构成、国画艺术、西画艺术、美术作品欣赏、西方艺术史基础等课程。1949 年 12 月，参加十八军。1951 年 7 月，作为摄影记者随张国华、谭冠三大军进军西藏。

他拍摄了解放军进军西藏、康藏公路（川藏公路）建设、执行和维护《十七条协议》、自治区筹委会成立、平息叛乱、民主改革、中印边境自卫反击战、西藏自治区成立等一系列西藏重大历史事件。他还拍摄了大量西藏宗教及文化等早期影像。他是新中国摄影史上的重要人物，是一位用独立视角拍摄西藏的摄影大师，他是西藏摄影史 1951—1970 年的代表人物。他的代表作《拉萨节日的欢乐》是新中国摄影史上第一个国际摄影金奖作品。

蓝志贵为中国摄影留下了重要的摄影遗产，包括早期原作、底片、各时期的重要摄影文献、日记等。他是为数不多在生前将自己的代表作，用博物馆收藏级工艺，暗房精放，制作成签名限量版的新中国早期重要摄影家。中国美术馆收藏了他四十幅限量版代表作品。

拉萨军人摄影图片社拍摄发行的布达拉宫图片

1956 年，蓝志贵摄，摄影原作，银盐纸基，8.9×13.5cm，作者收藏。

1956 年，西藏军区为了更好地为边防战士服务，决定成立拉萨军人摄影图片社，该社主要是为解放军的一些老战士拍摄照片寄回内地相亲而成立的一个摄影服务机构。由于十八军由原来的“川南安家”到“进军西藏”，由“三年一换”到“长期建藏”，官兵虽然响应《解放西藏政治动员令》的号召，但个人面对的实际情况也日益突出，相亲连一张照片都没有，实在说不过去。军队领导发现了这样的情况，及时做出决定，成立拉萨军人摄影图片社为部队官兵服务。当时拉萨虽然也有一些尼泊尔人和印度人开的小相馆，由于当时解放军军纪很严，拍张照片也不是说去就能去的，为了便于战士拍照，就成立了拉萨军人摄影图片社，蓝志贵是首席摄影师，罗伟是首任经理。该社不仅为军人服务，还为藏胞及社会人士拍摄照片，同时还拍摄一些拉萨的风景照片发行销售，以供社会需要。

拉萨军人摄影图片社主要成员有：蓝志贵、罗伟、王成云、罗键、范自强、刘福全、徐克光、张成武、胡文辉、王振伍等。

拉萨市各族各界人民欢庆西藏自治区筹备委员会成立

1957 年 5 月 4 日，任用昭摄，摄影原作，银盐纸基，6.1×13.8cm，作者收藏。

图为 1957 年 5 月 2 日在布达拉宫前人民广场上举行庆祝西藏自治区筹备委员会成立大会会场全景。

林卡节上的牦牛舞

1957 年，蓝志贵摄，摄影原作，银盐纸基，5.6×5.6cm，作者收藏。

藏族是一个非常热爱大自然的民族，每年藏历五月一日至十五日，人们走出住处和庭院，来到树林中搭起帐篷享受大自然的恩赐，全家老小带着美食在草地上用欢乐的歌声歌唱他们热爱的生活，用欢声笑语与家人和朋友一同过林卡。这一时期拉萨晴空万里，树木茂盛，空气清新，气候宜人。图为过林卡期间，拉萨群众在布达拉宫前观看牦牛舞。

拉萨在改变着面貌——一幢幢新楼房相继落成

1957 年 5 月 4 日，佚名摄，摄影原作，银盐纸基，13.4×19.5cm，作者收藏。

由于解放军进军西藏后，城市人口和规模都在不断扩大，住房需求非常迫切。1954 年通车之前，建筑材料不易获得，拉萨大规模的城市建设较为缓慢。通车以后，与内地的联系更为密切，各种建筑材料源源不断地运往拉萨，拉萨开始大规模的城市建设，包括基础设施的建造，房屋及公共建筑的建造。图为拉萨市区新建的房屋建筑。

远眺布达拉宫·传大召时的八廓街

1957 年，拉萨，蓝志贵摄，限量版摄影作品，银盐纸基，40.6×40.6cm，作者收藏。

每年正月初四至二十五日为传大召时期，拉萨三大寺的喇嘛和各地的信徒到此诵经祈祷，讲经辩经，相法立宗，添灯供佛，发放布施。他们来到大昭寺西南的鲁布广场及八廓街等地举行热闹的驱邪送鬼仪式，祈祷天下风调雨顺，民众安康。图为传大召期间在八廓街参与传召活动的僧俗们。

拉萨节日的欢乐

1958年，蓝志贵摄，限量版摄影作品，银盐纸基，50.8×40.8cm，作者收藏。

解放军进驻西藏后，拉萨依然保持着传大召的习俗，最为热闹的场面是拉萨三大寺的僧众和拉萨市民数万人在大昭寺西南的鲁布广场举行热闹的传统仪式。这幅作品反映的就是传大召期间气氛最为高潮的场面。

《拉萨节日的欢乐》是蓝志贵的第一代表作，拍摄于1958年藏历元月传大召期间。《拉萨节日的欢乐》两次荣获国际摄影金奖：1959年10月3日荣获民主德国国际摄影展金奖，这是新中国摄影史上第一个国际摄影金奖。1959年11月12日荣获第三届匈牙利布达佩斯国际摄影艺术展金奖。这幅作品是二十世纪中国摄影史上最为重要的作品之一。

《拉萨节日的欢乐》还是新中国传播量最大的摄影作品之一。此作在数十本出版物中发表，参与多场重要展览，国内一线网络媒体大量转发。《中国摄影》杂志1960年还专门邀请蓝志贵撰文叙述拍摄经验，著名摄影大师庄学本为他专门撰写评论；此作的限量版也获中国美术馆收藏。

《拉萨节日的欢乐》入选1958年《中国摄影艺术选集》，发表于《中国摄影》杂志1959年第2期、1999年第10期、2020年第4期、2021年第5期，发表于1959年第12期《新闻摄影》杂志封底。入选1959年《中国》大型画册内页整版，发表于1960年第一期《大众摄影》杂志封三，1989年出版的《1949—1989中国摄影艺术作品选》大型画册，“1957－2000《中国摄影》作品精选”。入选2000年《中国新文艺大系1949－1966摄影集》，发表于2008年第四期《中国摄影家》，2009年3月号第二期《西藏人文地理》，2009年3月28日《新民晚报》B12版，2009年4月10日《北京日报》15版，2009年第10期《三联生活周刊》内页整版，2009年7月号《写真地理》杂志内页整版，2009年10月16日《中国摄影报》3版，2010年9月《中华文化画报》内页整版。入选邓启耀专著《我看与他观——在镜像自我与他性间探问》，入选《中国摄影大系理论卷》。发表于2014年10月14日新浪《记忆图刊》，2014年4月11日《中国经济时报》11版，2016年5月号第三期《西藏人文地理》，2016年第7期《人民画报》，2016年7月7日《光明日报》10版，2016年8月《中国国家旅游》杂志，《读库》1604期黄建鹏撰写的文章《大师，也许不是想成为大师的人》，《读库》1705期黄建鹏撰写的文章《布达拉宫的流动画卷》，2018年山东画报出版社出版的《中国》。入选1958年12月第二届全国摄影艺术展览，入选1989年10月由中国摄影家协会在北京中国美术馆举办的“四十年摄影艺术展览”并荣获优秀作品奖及金杯一座，入选2009年在中国美术馆举办的蓝志贵个展“见证西藏民主改革——蓝志贵西藏1950－1970摄影作品展”，入选2009年在广东美术馆举办的“第三届广州国际摄影双年展2009”中“布达拉的见证”及其同名画册，入选2010年在南京博物院举办的“回眸经典——中国摄影大师蓝志贵、庄学本藏族摄影作品精品展”及其同名画册，入选2015年在北京举办的“中国摄影 二十世纪以来”大型展览及其同名画册，入选2017年12月22日至2018年1月2日在北京展出的“与时代同行 全国摄影艺术展览六十年精品回顾展”；入选2017年11月25日至2018年1月3日在厦门举行的第三届集美·阿尔勒国际摄影季“藏家故事”版块展出的“缘—黄建鹏藏摄影大师郎静山、薛子江、蓝志贵作品展”及其同名画册，入选2018年在南京师范大学美术馆举办的“黄建鹏藏摄影大师蓝志贵西藏经典作品展”及其同名画册，入选2019年在拉萨布达拉宫举办的“庆祝中华人民共和国成立70周年、纪念西藏民主改革60周年、绽放的雪莲——蓝志贵个人摄影作品展”及其同名画册。2019年中国美术馆收藏了此作的限量版。

1959 年被叛乱人员破坏的拉萨市建筑工程处的库房和宿舍

1959 年，任用昭摄，摄影原作，银盐纸基，13.2×19cm，作者收藏。

1959 年 3 月 10 日，西藏地方政府上层反动统治集团公开撕毁《十七条协议》，发动以拉萨市为中心的全面武装叛乱。为维护祖国统一，巩固民族团结和西藏劳动人民的彻底解放，中共中央决定“彻底平息叛乱，充分发动群众，实行民主改革”。

拉萨的黎明

1958 年，拉萨，蓝志贵摄，限量版摄影作品，银盐纸基，40.6×40.6cm，作者收藏。

1958 年夏日的一个早晨，蓝志贵在药王山脚处以拉萨西门的建筑及白塔为前景，等待晨曦的出现。他采用侧逆光的形式拍摄，画面中前景、中景、远景层次分明，透视感强，很好地表现出布达拉宫周围的环境，使布达拉宫处在神秘的光影之中。此作是蓝志贵重要代表作之一，后期制作了蓝志贵签名限量版。此作整版发表于 1959 年第 5 期《大众摄影》杂志。2019 年中国美术馆收藏了此作的限量版。

浣衣女

1959年，拉萨雪列空，蓝志贵摄，限量版摄影作品，银盐纸基，40.6×40.6cm，作者收藏。

《浣衣女》这幅作品也是蓝志贵拍摄的布达拉宫系列中的一幅重要代表作。蓝志贵将布达拉宫巧妙地表现在湖水的倒影中，浣衣女前景人物瞬间抓拍到位。整个画面构图完美，影调适中，用光独特，侧逆光将人物及衣物的质感充分地表达了出来。2019年中国美术馆收藏了此作的限量版。

六个带着枪帮助藏胞春耕的解放军

1959年4月，则巴村，蓝志贵摄，彩色限量版摄影作品，70×70cm，作者收藏。

1959年3月11日，西藏地方政府以拉萨为中心，在军事上进行全面部署，开始武装叛乱。3月20日凌晨，叛乱武装分子向拉萨的党、政、军领导机关、部队以及企事业单位发动全面进攻，解放军步兵第一五五团、第一五九团、军区警卫营、炮兵第三〇八团、汽车第十六团、工兵机械营等于20日10时开始平息叛乱，经过三天两夜的战斗，拉萨的武装叛乱被平息。图为平息叛乱后，解放军在维护拉萨秩序的同时，帮助藏胞春耕生产。此作拍摄于拉萨河南岸，远处可见布达拉宫。2019年中国美术馆收藏了此作的限量版。

国庆十周年藏族少年跳新疆舞

1959 年 10 月 1 日，蓝志贵摄，彩色限量版摄影作品，70×70cm，作者收藏。

1959 年 10 月 1 日，国庆十周年，拉萨举行了盛大的庆祝活动，藏族少年在庆祝活动时跳新疆舞。这幅作品表现了新中国成立后各民族“我中有你，你中有我”的新型族群结构和新的社会关系，也是新中国摄影史中第一批记录西藏的彩色摄影作品之一。2019 年中国美术馆收藏了此作的限量版。

国庆十周年藏族儿童在布达拉宫脚下庆祝游行

1959 年 10 月 1 日，蓝志贵摄，彩色限量版摄影作品，70×70cm，作者收藏。

1959 年 3 月，西藏叛乱被解放军很快平息。这幅作品反映的是平叛后第一个国庆节，藏族少年儿童在布达拉宫脚下游行的场面。2019 年中国美术馆收藏了此作的限量版。

解放军向慰问演出的藏族少年献哈达

1959年，拉萨，蓝志贵摄，限量版摄影作品，银盐纸基，40.6×40.6cm，作者收藏。

藏族少年儿童到西藏军区慰问解放军，为解放军表演了精彩的节目，解放军的一位代表走上台去向身着新疆服装的藏族小演员献哈达。

喇嘛庆祝国庆

1959年，蓝志贵摄，摄影原作，银盐纸基，5.8×5.8cm，作者收藏。

1959年10月1日，哲蚌寺的喇嘛高举旗帜和横幅游行，庆祝中华人民共和国成立10周年。

藏族学生在气象站老师的指导下观测气象

1959 年，任用昭摄，摄影原作，银盐纸基，6.6×10cm，作者收藏。

1952 年，在中央的帮助下，拉萨建立了新中国成立以来第一所现代意义上的小学，之后又建立了中学和大学。图为气象站老师在中共西藏工委赠送的气象观测台上指导藏族学生观测气象。

神兵天降——我空军第一次在拉萨跳伞

1959 年，拉萨，蓝志贵摄，限量版摄影作品，银盐纸基，40.6×40.6cm，作者收藏。

1956 年 5 月 26 日中国空军第一架运输机从北京试航拉萨成功，突破了当时的“空中禁区”，创造了航空史上的奇迹，以后拉萨与内地各地机场陆续通航。1959 年，空军第一次在拉萨跳伞成功。

拉萨的新式建筑

1959 年，任用昭摄，摄影原作，银盐纸基，5.8×14.6cm，作者收藏。

“平叛”后，拉萨建设了大批的新建筑。图为西藏军区新建的办公用房和住房。这张作品发表在 1959 年 4 月 25 日上海出版的《新闻日报》头版。

春到布达拉

1960 年，蓝志贵摄，摄影原作，银盐纸基，5.4×5.5cm，作者收藏。

民主改革后西藏的第一个春天

夏日的布达拉

1960 年，蓝志贵摄，摄影原作，银盐纸基，5.4×5.5cm，作者收藏。

晴空万里，夏日的布达拉宫脚下树木葳蕤。

远眺布达拉宫·拉萨西郊

1961 年，拉萨，蓝志贵摄，限量版摄影作品，银盐纸基，40.6×40.6cm，作者收藏。

画面右方远处为布达拉宫，这条公路是青藏公路进入拉萨市区的道路，现依然叫青藏公路段。画面中心位置的前景建筑为拉萨市第一个水泥厂拉萨老水泥厂，此厂 1960 年筹建，现已改建为西藏美术馆。画面中呈现出拉萨西郊原始地貌。

中印自卫反击战胜利归来

1963 年元月，蓝志贵摄，摄影原作，银盐纸基，5.6×5.6cm，作者收藏。

1959 年，印度军队在中印边境西段设立了四十三个据点，东段非法越过“麦克马洪线”侵占中国领土。1962 年 6 月，代号“藏字 419 部队”成立，经过四个月的准备，10 月 20 日，向印军发起反击，只用一天就全歼了印度森林之虎第七旅。第二天，419 部队接到中央军委和毛泽东的电令，不受“麦克马洪线”的限制，乘胜追击。10 月 26 日，419 部队到达达旺。11 月 13 日，印军向我军进行猛烈炮击，419 部队进行反击并全歼印军六十二旅、炮兵四旅和其他部队。1962 年 11 月 21 日零时，中国政府发表声明，从 22 日零时起，中国边防部队在中印边界全线停火。这幅作品摄于 1963 年元月，419 部队从中印自卫反击战前线归来。

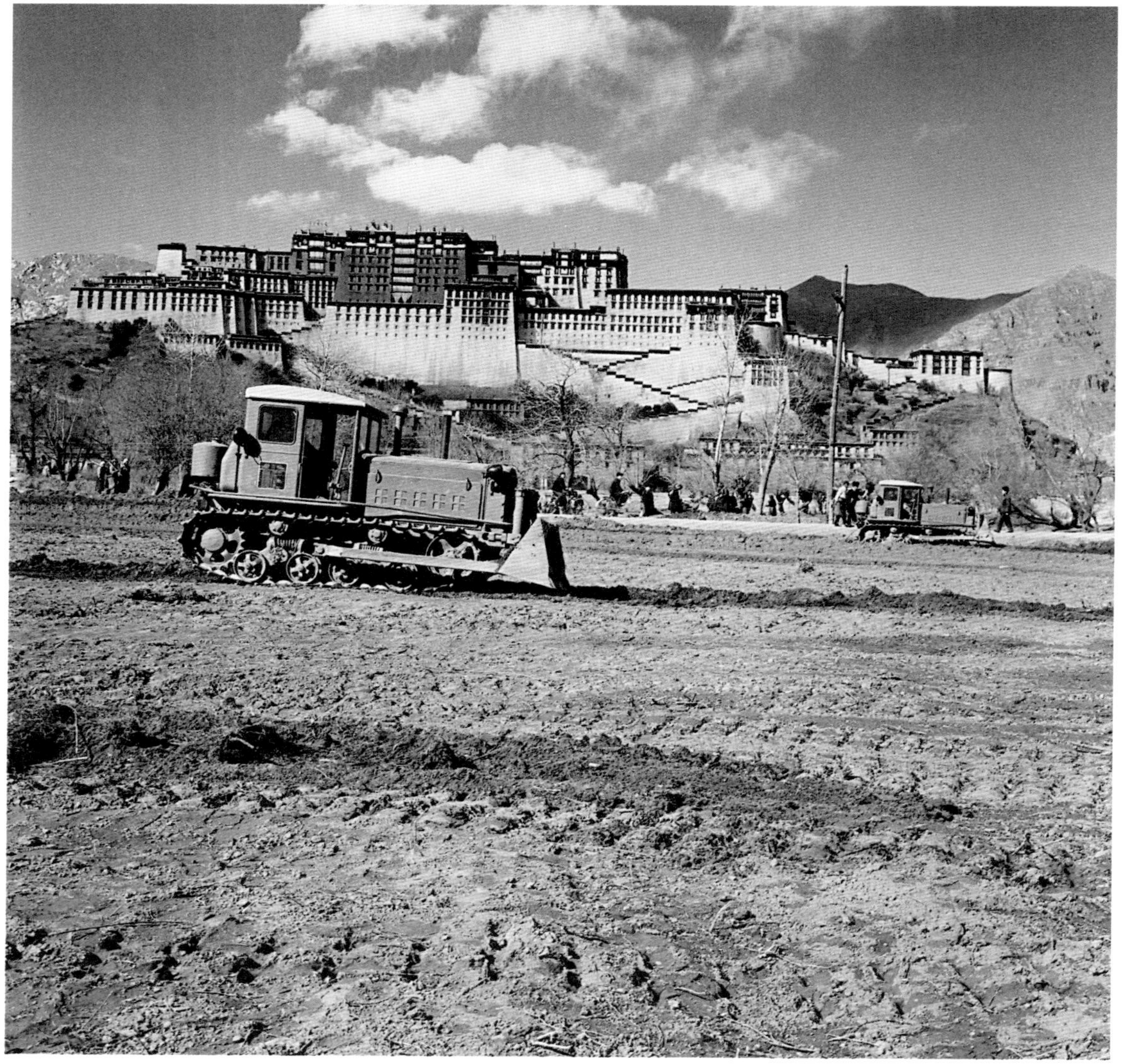

为西藏自治区成立新建布达拉宫广场

1963 年，刘丽嘉摄，15 × 15cm，作者收藏。

1963 年，为庆祝西藏自治区成立开始修建布达拉宫广场，市政部门用“东方红”牌推土机推平起伏不平的沟壑，1965 年自治区成立前夕完工。这次整修由于当时的经济条件所限，没有使用水泥等建筑材料铺设地面，广场依然保持着泥土状态。

大战流沙河

1964 年，刘丽嘉摄，15 × 15cm，作者收藏。

夏天雨季将至，为了确保拉萨安全，各机关干部积极参加义务劳动，疏通拉萨经布达拉宫西北侧至西郊的流沙河里的积沙。那个时代，每周法定休息星期日一天，就是这一天的休息日，也时常参加义务劳动。在采访中，刘丽嘉告诉笔者，他们时常连续工作一两个月，才有一天休息时间。

热烈欢迎参加西藏自治区成立庆祝活动的中央代表团
1965年，刘丽嘉摄，接片，14.5×21.5cm，作者收藏。

1965年8月29日，中央代表团抵达当雄机场，受到中共西藏工委领导的热烈欢迎，西藏的主要领导之一阿沛·阿旺晋美到机场欢迎中央代表团。中央代表团包括中央各部门、二十七个省市区、十六个少数民族自治区的代表以及六个文艺团体，共三百六十多人。图为代表团从当雄机场到达拉萨时，受到拉萨各界一万两千多人的热烈欢迎。

拉萨知识青年上山下乡

1968 年，佚名摄，摄影原作，银盐纸基，5.6×5.6cm，作者收藏。

1968 年前后，全国各主要城市掀起了大规模的“上山下乡”运动。知识青年上山下乡，接受贫下中农再教育，成为当时分散城市就业人口的重要途径之一，拉萨也不例外。这幅影像反映的是在拉萨的汉藏知识青年将奔赴他们上山下乡的目的地。图中的汉族青年多半是十八军以及修筑康藏公路的干部、技术人员、工人等人员的子弟，藏族青年基本上是拉萨行政事业单位人员、工人、牧民及市民的子弟。

20 世纪 60 年代末，从药王山远眺布达拉宫及拉萨平原

20 世纪 60 年代末，袁克忠摄，摄影原作，接片，银盐纸基，6.3×18.7cm，作者收藏，首次发表。

20 世纪 60 年代，拉萨的建设速度开始放缓，这期间西藏与内地一样受到“文化大革命”的影响。此作品拍摄于 20 世纪 60 年代末期，为早期原作。

劳动人民文化宫前合影

1969 年，拉萨，佚名摄，摄影原作，银盐纸基，14.8×15.4cm，作者收藏。

这张照片拍摄于西藏劳动人民文化宫大门前。劳动人民文化宫 1965 年 5 月开始兴建，8 月 30 日竣工，朱德总司令题写了“劳动人民文化宫”七个大字安装在正门上方。此建筑在 2004 年被拆除。

胜利结束

何贵仙与友人的合影

1968–1969 年，蓝志贵摄，摄影原作，银盐纸基，4.9×5.6cm，作者收藏。

这张合影是蓝志贵所摄。后排左一是他的藏族妻子拉宗卓玛，汉名何贵仙，她毕业于中央民族学院。另外两名妇女是何贵仙的朋友。这张合影记录了“文化大革命”时期人们的服装穿戴，三个少年都佩戴了像章。这张原作最为重要的是记录了布达拉宫之上安装了巨幅“毛主席万岁”的大字，布达拉宫右侧还安装了“各族人民大团结万岁”的巨幅大字这一历史信息。画面中的少年现已到了退休年龄。

假日里穿便装的官兵

1970 年代，蓝志贵摄，摄影原作，银盐纸基，5.6×5.6cm，作者收藏。

从 1951 年进军西藏至 20 世纪 70 年代，蓝志贵老师为十八军、西藏军区的官兵和他们的家属拍摄了大量照片，他还为西藏自治区机关事业单位的工作人员及藏族同胞拍摄了大量的人像。这幅原作来自他留存下来的零散照片。这幅照片给我留下了深刻的印象，我曾经问过他这幅照片中的人物，他告诉我是他西藏的战友和朋友。他留下的大部分作品和图片，我都请他签名及将人物和事件写清楚。这张照片是节假日他帮朋友们拍摄的。

伟大的领袖和导师毛泽东主席追悼大会

拉萨举行毛泽东主席追悼大会

1976 年 9 月 18 日，刘丽嘉摄，摄影原作孤品，接片，银盐纸基，25×120.8cm，作者收藏。

1976 年 9 月 9 日，毛泽东主席逝世。9 月 18 日，西藏自治区党、政、军各机关及拉萨各界群众数万人在布达拉宫广场举行追悼大会。这一天，以北京为中心，全国各大城市同时举行追悼大会。刘丽嘉用四张接片的方式，将布达拉宫脚下发生的这一历史事件全景式记录下来。

瞧这一家子

1973 年，刘丽嘉摄，15×15cm，作者收藏。

西藏运输公司汽车三队客车司机徐永顺夫妇育有两男四女。在西藏高原，徐师傅工作非常辛苦，但家庭生活甜蜜。徐师傅大女儿徐丽（中）1969 年十四岁时参军，在医院当护士。1997 年，刘丽嘉在采访自治区六届人大五次会议时，徐丽作为人大代表出席了会议，这时的她已是上校军衔。

粉碎“四人帮”后，拉萨举行盛大游行

1976 年 10 月，李焕民摄，摄影原作孤品，银盐纸基，5.8×5.8cm，作者收藏。

“四人帮”被逮捕后，消息传到拉萨，人们举行了盛大的庆祝活动。游行形式依然采用“文化大革命”时彩车行进和人员方阵的方式，工农兵以高大的形象拿着绳索象征打倒“王、张、江、姚”。扮演“四人帮”的演员胸前挂着黑色木牌，上面写着“新生资产阶级分子王洪文”“国民党特务分子张春桥”“叛徒江青”“阶级异己分子姚文元”。

張春橋
江青
王洪文

挖掘布达拉宫前的池塘

1976 年，拉萨，李焕民摄，摄影原作孤品，银盐纸基，5.8×5.8cm，作者收藏。

1976 年，中国美术家协会四川分会的李焕民、阿鸽等一行六名画家从成都出发，经川藏线去西藏创作、采风及拍摄。他们带了三台相机，一台 6×6 120 相机，一台 6×4.5 120 相机，一台 135 相机。经林芝，于 9 月底至 10 月初到达拉萨，他们还去了江孜、日喀则及藏北草原等地。李焕民用 6×6 120 相机拍摄了大量的摄影作品和摄影素材，其他人拍摄了 6×4.5 和 135 影像。1976 年 10 月，李焕民在林芝地区拍摄了作品《田间会议》《巨树之下》，在布达拉宫脚下拍摄了《粉碎“四人帮”后，拉萨举行盛大游行》的纪实摄影作品，这些影像记录了那个时代。他还利用掌握的美术知识将底片故意曝光过度形成版画效果，其中用高调摄影拍摄的布达拉宫广场前人们用东方红拖拉机开挖池塘的影像，使人印象深刻。这幅作品记录了布达拉宫广场前的池塘景观为 1976 年开始建设。

他们一行以画家的视角沿途拍摄了 2000 多幅照片，这些原作小样以贴像簿的形式传世，其中有数十幅非常精彩的作品。李焕民是新中国最重要的版画家之一，曾任第五、六届中国美术家协会副主席。阿鸽于 2008 年当选为第六届四川省美术家协会主席。

中国美术家协会四川分会西藏采风团的六名画家及其陪同人员在布达拉宫脚下合影

1976 年，拉萨，佚名摄，摄影原作，银盐纸基，5.8×5.8cm，作者收藏。

左五为李焕民，左七为阿鸽，左三至左八均为采风团的画家。此作发表于《中国摄影》杂志 2021 年第 5 期。右图为李焕民在布达拉宫前写生时用高调摄影自拍的具有版画效果的影像。

拉萨各界隆重集会庆祝粉碎“四人帮”的伟大胜利

1976 年，佚名摄，摄影原作，银盐纸基，12.7 × 19cm，作者收藏。

西藏自治区和拉萨市军民隆重举行庆祝大会，热烈庆祝粉碎“四人帮”的伟大胜利。

骑自行车的人

1976—1977 年，李焕民摄，摄影原作，银盐纸基，5.8×5.8cm，作者收藏。

改革开放之前，自行车在拉萨属于奢侈品，机关事业单位的工作人员要经过抽签、排队，发放购买券后才有资格购买。当时手表、自行车、缝纫机、收音机被称为“三转一响”。拥有“三转一响”的家庭是富裕家庭。那个时代的人很难想象，数十年后，满大街都是共享单车。

行驶在布达拉宫脚下的解放牌卡车

1976—1977 年，李焕民摄，摄影原作，银盐纸基，5.8×5.8cm，作者收藏。

1954 年康藏、青藏公路全线通车后，陆路运输成为西藏与内地的主要运输形式，长春第一汽车制造厂制造的解放牌卡车在这时期成为主要运输工具。这种卡车不仅来回运货，有时还运人。据我采访的刘丽嘉老师讲，他第一次从成都进藏就是由火车从成都出发，到达甘肃柳园后，转乘“人货混装”的解放牌卡车经过 13 天的行程到达拉萨。

拉萨的驴车

1976—1977 年，李焕民摄，摄影原作，银盐纸基，5.8×5.8cm，作者收藏。

拉萨的驴车是当时市内短途运输的主要交通工具之一。藏族人喜欢用牦牛进行运输，汉族人更愿意借助车辆进行运输。马车和驴车是机关事业单位常用的运输工具。

才旦卓玛在演唱

1977年8月，李焕民摄，摄影原作，银盐纸基，5.8×5.8cm，作者收藏。

著名歌唱家才旦卓玛在拉萨街头演唱，庆祝党的十一大胜利召开。

拉萨街头的歌舞

1977年8月，李焕民摄，摄影原作，银盐纸基，5.8×5.8cm，作者收藏。

这张作品拍摄于1977年，党的十一次代表大会在北京召开，大会宣告了“文化大革命”的结束。图为西藏歌舞团的演员们在拉萨街头表演歌舞庆祝大会的胜利召开。

拉萨东方红小学的小运动员们在布达拉宫前合影

20 世纪 70 年代，袁克忠摄，暗房精放作品，银盐纸基，33.7×50.8cm，作者收藏。

20 世纪 70 年代，拉萨的小学和中学都组织了不同球类的运动队，这些足球、排球和篮球运动队经常在布达拉宫广场训练。这张影像是拉萨东方红小学一支球队的合影。

着藏装的汉族儿童

1977年，刘丽嘉摄，摄影原作，银盐纸基，6×14cm，作者收藏。

这些汉族儿童大多数为在西藏出生的“藏二代”，她们的父母绝大部分为20世纪50—70年代支援西藏及为边疆的稳定和发展做出贡献的各族建设者。她们从小在西藏长大，很多人终身留在了西藏，成为西藏的建设者。图片中的小姑娘现在都已到了知天命的年龄。

户外洗衣服的人

1976—1977 年，李焕民摄，摄影原作，银盐纸基，5.8×5.8cm，作者收藏。

20 世纪 70 年代，拉萨的住房与内地的住房一样，并不是每户人家都有自来水和上下水系统，特别是一些公共和集体住宅均为多间住宅使用一个公共供水系统。图为在户外使用公共自来水系统的人正在洗衣服。

冲赛康市场

1978 年，刘丽嘉摄，摄影原作，银盐纸基，14×10.8cm，作者收藏。

1978 年“文化大革命”结束后，全国开始拨乱反正。西藏自治区对内对外的开放政策使拉萨的经济增强了活力。全国各地的商户纷纷来到拉萨经商，每天上市的商品达几千种，城乡物资交易开始活跃，人民的生活质量开始改善。图为拉萨最大的自由贸易市场冲赛康市场一角。

布达拉宫上悬挂的巨幅标语横幅

1978 年，顾绶康摄，摄影原作，银盐纸基，2.5×3.6cm，作者收藏。

1978 年 2—3 月，第五届全国人民代表大会第一次会议在北京召开，这一时期“文化大革命”刚刚结束，很多宣传还是采用以前的宣传形式，在布达拉宫之巅悬挂庆祝标语，这张图片真实地记录了那一历史时期。图中的标语文字用汉语和藏语书写了“热烈庆祝第五届全国人民代表大会胜利的闭幕！”每个汉字都有半层楼高。

沐浴节的人们

20 世纪 80 年代初，顾绶康摄，彩色摄影原作，8.9×8.9cm，作者收藏。

“文化大革命”结束后，西藏各种传统节日陆续恢复。具有八百多年历史的“沐浴节”受到藏族同胞的重新重视。初秋沐浴节期间，江河湖畔到处都可以看到藏族人戏水游玩，男女老少在河塘池边欢声笑语，热闹非凡。夜晚，星空璀璨，人们在水边击水洗浴，水中清澈的涟漪与空中的繁星交相呼应，给高原的夜空带来了节日的欢乐。图为沐浴节期间在布达拉宫脚下过节的人们。

银装素裹的布达拉宫

1981 年 12 月，刘前刚摄，摄影原作，银盐纸基，9.8×14.1cm，作者收藏。

1981 年 12 月，西藏自治区广大地区普降大雪，拉萨市区变成了白色的世界，布达拉宫分外妖娆。这次降雪为近三十年来所罕见，总降雪量超过西藏有气象记录以来的最高值。

拉萨市策觉林公社业余藏戏演出队在拉萨街头演出

20世纪80年代，刘丽嘉摄，摄影原作，银盐纸基，10.4×20cm，作者收藏。

改革开放初期，拉萨为了活跃城乡物资交易，在街头时常搞物资交流会，商家在街道上临时搭起帐篷，将牧区的土特产带到拉萨销售。这时，物资交流会的主办方会邀请各公社里的不同演出队在交易会期间表演节目，活跃节氛。这些活动很受拉萨市民的欢迎，这一期间热闹非凡。图为参加交易会的市民观看藏族舞蹈，画面远处为布达拉宫。

从江苏路看布达拉宫

1980 年前后，顾绶康摄，彩色工艺，原始原作，19.1 × 24.3cm，作者收藏。

“文化大革命”结束后，古城拉萨再次迎来了建设高潮，人口也开始急剧增加。江苏路是拉萨的主要干道之一，从江苏路的高点远眺布达拉宫，可以看见拉萨市的八廓街及主城的核心建筑群。这幅作品选择江苏路上的一座高层建设向西北方向拍摄，比较完整地展示了 20 世纪 80 年代初从江苏路看拉萨主城区的城市景观。

从北京中路与娘热南路的路口眺望布达拉宫

1980 年前后，顾绶康摄，彩色工艺，原始原作，19.1×24cm，作者收藏。

20 世纪 80 年代初期，新建的拉萨邮政大厦刚刚完工，从北京中路与娘热南路这个路口望去，前景为中国邮政拉萨分公司的建筑。拉萨的很多基础设施正在建设，街道绿化还没有完工，画面中行人和车辆很少。现在的这个路口已经车水马龙，热闹非凡。

国庆三十五周年，拉萨建成地面卫星接收站

1984 年，刘丽嘉摄，摄影原作，银盐纸基，14.2×20.4cm，作者收藏。

1984 年国庆三十五周年前夕，拉萨建成地面卫星接收站，加强了拉萨与内地的通讯联系。同时，拉萨市民可以收看当天的中央电视台播出的节目。

拉萨新貌

1985 年，刘丽嘉摄，摄影原作，银盐纸基，14.2×20.3cm，作者收藏。

改革春风吹到拉萨，古城日新月异，市区面积比民主改革前增加了十二倍。到 80 年代中期，市区面积已达到四十平方公里。由于当时缺乏规划，布达拉宫脚下建设了很多杂乱无章的建筑，现在均已被拆除，并恢复了布达拉宫广场。

西藏军区的“黑鹰”直升机表演

20 世纪 80 年代中期，刘丽嘉摄，摄影原作，银盐纸基，5.2×14.3cm，作者收藏。

这幅作品拍摄于布达拉宫东南方向，现江苏路以南，拉萨河北岸一个区域的广场上。西藏军区所属的黑鹰直升机准备起飞，拉萨万人空巷，解放军及各族群众赶到此广场观看从美国进口的黑鹰直升机做各种飞行表演。

布达拉宫的晨韵

1991年，蓝志贵摄，彩色工艺，原始原作，孤品，8.7×12.7cm，作者收藏，首次发表。

清晨的布达拉宫显得神秘而庄严。摄影大师蓝志贵在此角度连续拍摄了三十多年，他的多幅布达拉宫系列作品成为新中国摄影史上的经典名作。

此作前景大面积使用黑色，产生了神秘而幽远的视觉效果。右侧两只小羊的剪影增加了画面的活力，布达拉宫和远山灰色的影调渲染了庄严而神圣的气氛，天上的薄云增加了画面的质感。

布达拉宫维修竣工大典时表演的“萨嘎甲谐”

1994 年，扎顿摄

1989—1994 年，布达拉宫开始大规模维修工作。竣工后，拉萨举行了竣工庆典，西藏各地的民族歌舞队到布达拉宫广场演出。图为日喀则地区萨嘎县的歌舞队隆重表演传统舞蹈“萨嘎甲谐”。

布达拉宫白塔山上的煨桑者

2000 年 5 月，拉萨，张守国摄，暗房精放作品，银盐纸基，17.2×22.6cm，作者收藏。

布达拉宫白塔上面的药王山北面有个小山头，拉萨人经常到这个小山头上煨桑。布达拉宫是藏族人所崇敬的宫殿。世纪之交时，摄影师非常幸运地遇见藏族老阿妈爬上山头煨桑，他用低角度仰拍，使布达拉宫、白塔与煨桑者在同一蓝天下，画面天人合一。

为庆祝西藏和平解放 50 周年搭建主席台

2001 年，张守国摄，摄影原作，银盐纸基，19.2×24.4cm，作者收藏。

1951 年 5 月 23 日，《中央人民政府和西藏地方政府关于和平解放西藏办法的协议》正式签订，宣告了西藏和平解放。

进军西藏、解放西藏是中国新民主主义革命的重要组成部分。新中国成立之初，毛泽东主席即做出进军西藏的战略部署。根据中共中央和毛泽东主席的指示，确定由第二野战军第十八军担负入藏任务。在中共西南局、西南军区的直接指挥下，以十八军为主力担负进军西藏、经营西藏的任务，由新疆军区第二军骑兵支队、青海第一军骑兵支队、云南第十四军一二六团负责配合。此后经历了昌都战役、和平谈判、和平进军西藏、康藏和青藏公路建设，历尽艰险，终于赢得了和平解放西藏的胜利，翻开了历史的新篇章。

图为正在布达拉宫广场搭建的庆祝西藏和平解放 50 周年大会主席台。

欢庆西藏和平解放 50 周年

2001 年，扎顿摄

2001 年，为庆祝西藏和平解放 50 周年，江孜组织了民间传统歌舞队在布达拉宫广场上演出，演员们身着传统服饰在庆典上跳起了欢快的“江孜果谐”。

现西藏长治久安

宾馆

一名内地游客租藏装在布达拉宫前留影

2008 年 8 月，黄建鹏摄，限量版摄影作品，银盐纸基，40.6×40.6cm，作者收藏。

2008 年中国成功举办奥运会后，到拉萨旅行的人开始增加，布达拉宫广场有生意人出租色彩艳丽的藏族演出服装给旅游者拍照，根据服装的华丽程度，租金 10 元至 40 元不等。笔者与四川来的小老板交谈，他告诉我，生意还不错。火车开通以后，大量的内地人到西藏旅游，促进了西藏经济的发展。

北京奥运会期间的拉萨

2008 年 8 月，黄建鹏摄，限量版摄影作品，银盐纸基，40.6×40.6cm，作者收藏。

2008 年，布达拉宫脚下发生了“3·14”打砸抢烧事件；5 月 12 日，四川发生汶川大地震；8 月 8 日，北京奥运会开幕。此作摄于奥运期间，8 月的拉萨恢复了平静。

西南军区慰问团慰问大会

1954年12月28日，蓝志贵摄，限量版摄影作品，银盐纸基，40.6×40.6cm，作者收藏。

青藏、康藏（川藏）公路通车典礼前夕，12月24日，西南军区慰问驻藏部队慰问团在团长胥光义带领下来到拉萨。12月25日，康藏、青藏公路通车典礼在拉萨举行。12月28日，慰问大会在新建的布达拉宫广场上举行，西藏军区驻拉萨部队及西藏军区驻各地部队的领导及代表参加了大会。

父亲的背影

2015 年，拉萨，黄炎昊摄，数码彩色工艺，30.4×40.6cm，作者收藏。

摄影师看了蓝志贵大师的《西南军区慰问团慰问大会》这幅作品后，决定拍摄父亲的背影，与蓝老师的这幅作品进行对比。蓝老师这幅作品强调的是共性的整齐与节奏，南京外国语学校黄炎昊的这幅作品强调的是个性的独特与空旷。不同时代，人们有不同的观念和意识，画面的视觉构成也不尽相同。

布达拉宫脚下的游客

2015年，拉萨，黄炎昊摄，数码彩色工艺，40.6×40.6cm，作者收藏。

蓝志贵大师拍摄的《沐浴节在布达拉宫脚下》这幅西藏摄影史上的重要彩色作品就是在这个位置上拍摄的。黄炎昊看了这幅名作后，决定在这个角度拍摄一幅影像，与摄影大师的作品进行对比。这个池塘现在已被栏杆围绕，不能随意游泳和嬉戏玩耍了。

沐浴节在布达拉宫脚下

1956年，拉萨，蓝志贵摄，彩色限量版摄影作品，70×70cm，作者收藏。

沐浴节期间，西藏的少年儿童在布达拉宫脚下的池塘里沐浴玩耍。那个年代的西藏彩色影像非常珍贵。蓝志贵拍摄的1951—1970年间传世的彩色作品不超过十幅。2019年中国美术馆收藏了此作的限量版。

从康昂多南路看布达拉宫

2015 年，拉萨，黄炎昊摄，数码彩色工艺，40.6 × 40.6cm，作者收藏。

康昂多南路是拉萨市中心非常重要的道路之一，它的西边就是著名的布达拉宫广场。六十多年前，蓝志贵拍摄的新中国第一个国际金奖摄影作品《拉萨节日的欢乐》大致就是从这个点再向东南方向的位置向北拍摄，拉萨的城市变化很快，原来拍摄的位置已高楼林立。

布达拉宫德央厦广场

2015 年，拉萨，黄炎昊摄，数码彩色工艺，40.6×40.6cm，作者收藏。

布达拉宫的德央厦广场是世界上海拔最高的广场，历史上是西藏地方政府及贵族举行各类重要活动的场所，现为游客观赏布达拉宫时途中休息的场所之一。图为德央厦广场全景。

在布达拉宫举办的蓝志贵西藏个人摄影作品展

2019 年 3 月，黄建鹏摄，数码彩色工艺，30.4×40.6cm，作者收藏。

2019 年 3 月 29 日至 5 月 1 日，由西藏自治区党委宣传部、西藏自治区文学艺术界联合会主办，西藏摄影家协会、布达拉宫管理处协办的“庆祝中华人民共和国成立 70 周年、纪念西藏民主改革 60 周年、绽放的雪莲——蓝志贵个人摄影作品展” 在拉萨布达拉宫展出。此展展出一〇四幅作品，展览选用他的银盐纸基限量版作品进行展出。图为蓝志贵的代表作制作成大幅海报，摆放在布达拉宫脚下。全国各地来到布达拉宫游览的观众都能免费观看此展。

从大昭寺阳台远眺布达拉宫

2015 年，拉萨，黄炎昊摄，数码彩色工艺，40.6×40.6cm，作者收藏。

站在大昭寺房顶的阳台上，远眺布达拉宫，前景为大昭寺广场。围着大昭寺八廓街转经是拉萨藏族同胞的日常。2016 年 3 月 28 日至 4 月 28 日，“与摄影大师蓝志贵对话·黄炎昊西藏作品展”在南京外国语学校艺术展厅展出两人作品五十余幅，受到了全校师生及社会各界的关注，书中入选的黄炎昊的五幅作品均选自这个展览。黄炎昊 2022 年于纽约视觉艺术学院毕业。

从拉萨河滩工地远眺布达拉宫

2019 年 3 月 27 日，黄建鹏摄，数码彩色工艺，40.6×60.9cm，作者收藏。

2019 年 3 月 26 日拉萨小雪，一夜春雷。次日空气湿润，山顶白雪皑皑，山间棕褐色的山峦由白雪勾勒出的轮廓与近景树枝上嫩芽吐绿构成了一幅春到拉萨的水彩画，初春的气息已经来到了高原之城。我沿着蓝志贵先生拍摄拉萨的足迹从南山步行至拉萨大桥、沪聂线、江苏东路，绕了小半个拉萨城，用数码单反记录了一些拉萨影像。

内地过年的人们陆续返回各自的岗位，各项建设工作也已拉开序幕。这一年，是中华人民共和国成立 70 周年，西藏民主改革 60 周年。图为机械化程度很高的挖掘机在施工作业，70 年来，拉萨的建设行业有了突飞猛进的发展，建设水平已经与内地的发达省会城市接近。

布达拉宫脚下的一对新人

2019 年 3 月，黄建鹏摄，数码彩色工艺，40.6×30.4cm，作者收藏。

内地有很多准备结婚的新人到拉萨旅游的同时还在西藏拍摄外景婚纱照。他们来到圣城许下美好的愿望，拉萨的摄影公司为他们记录下人生最重要的瞬间之一。愿在拉萨许愿的新人心想事成、白头到老。

从龙王潭看布达拉宫

2019年3月，黄建鹏摄，数码彩色工艺，40.6×30.4cm，作者收藏。

每年春季，位于布达拉宫北面的龙王潭都汇聚了各种珍稀鸟类，有斑头雁、赤麻鸭、红嘴鸥。龙王潭位于宗角禄康公园的核心地带，宗角禄康是拉萨重要的公园之一。

布达拉宫广场上摆 pose 拍照的游客

2019 年 3 月，黄建鹏摄，数码彩色工艺，30.4×40.6cm，作者收藏。

2019年3月28日，拉萨晴空万里。上午庆祝西藏民主改革60周年大会在拉萨举行。近万名各族各界代表在布达拉宫广场举行盛大集会，隆重庆祝西藏民主改革60周年。集会结束后，全国各地的游客和市民来到布达拉宫广场拍照留念。图为下午在广场摆 pose 的内地游客。

从人民币图案的视角看布达拉宫

2019 年 4 月，黄建鹏摄，数码彩色工艺，40.6×30.4cm，作者收藏。

在拉萨旅行，你可以从不同角度观看到布达拉宫的外景，但有一个视角最为特别，它就是从北京东路药王山观景台看布达拉宫，你可以看到 50 元人民币布达拉宫图案的视角。这个观景台位于布达拉宫西南角的药王山脚下。建议到这个观景台看布达拉宫时带一张 50 元的人民币，可以进行对比。图中拍照的人是我的同学鞠宏。

拉萨的第一缕阳光与转经的人们

2019 年 4 月，鞠宏摄，数码彩色工艺，40.6×60.9cm。

拉萨清晨第一缕阳光到来之前，人们就开始围着布达拉宫转经。藏语“廓拉”即为“转圈”之意，围绕神山、圣湖、寺院绕行，是藏族人特有的祈祷仪式，称为“转经”。围绕布达拉宫转圈的这条线路是拉萨最著名的一条转经路。

从塔瑞颇章酒店眺望布达拉宫

2020 年 6 月，黄建鹏摄，数码彩色工艺，30.4 × 40.6cm，作者收藏。

新冠疫情已经持续了数月，6 月初全国的疫情有所缓解，我与同学鞠宏及朋友张志刚抓住了这个窗口期，从江苏省会南京自驾经安徽、湖北、重庆、四川，经 318 国道进藏。到达拉萨后，我们入住位于江苏路 40 号的塔瑞颇章酒店，接待我们的是位漂亮的绵阳姑娘，她用四川口音的普通话询问我从哪里来，我用四川话告诉她整个行程。她非常热情地与我打招呼，说好久没有碰到老乡了。我也很热情地与她交流，她告诉我，“你们来得真巧，有一个三人间正对着布达拉宫，可以远眺布达拉宫。这间客房在旺季时要一千多块钱，现价四百元左右”。我立刻决定就要这间客房。我们入住后，感觉这间客房观看布达拉宫的视角非常优美。我的床靠在窗边，我远眺窗外，看着光线变化下布达拉宫的景象。由于疫情原因，拉萨各酒店的入住率非常低，价格才这样低。同时这个酒店的地理位置也非常好，出行非常方便。

阳光之城、梦幻之城拉萨

2020 年 6 月，黄建鹏摄，数码彩色工艺，40.6×60.9cm，作者收藏。

拥有1300多年建城历史的拉萨已经是一座现代化的都市，是西藏政治、经济、文化、宗教的中心。拉萨白天是阳光之城，夜晚是梦幻之城。布达拉宫是这座城市的地标，能见到布达拉宫是很多中外游客的梦想之一，希望这座城市拥有更加美好的明天。

拍摄时使用了蓝色的影调，长焦距大光圈短景深的运用，使这幅影像产生了视觉上的梦幻意境。

云雾下的布达拉宫

2020 年 6 月 19 日，鞠宏摄，数码彩色工艺，34.5 × 50.8cm。

这是一幅精彩的风光摄影作品。薄云在山间飘荡，早上的阳光勾勒出布达拉宫雄伟壮丽的轮廓。画面中影调对比和谐、构图严谨、视觉优美。

欢度 2022 年春节藏历新年

2022 年，扎西次仁摄，首次发表。

藏历新年大致在每年 2 月前后，它与中国传统的农历春节在时间上较为接近。2022 年的藏历新年为 3 月 3 日。拉萨是汉族和藏族及其他少数民族共同生活的一个大都市，汉族和藏族都非常注重自己本民族的新年，这一期间无论农历春节还是藏历新年，节日气氛都非常浓厚。拉萨以外各地的藏胞也纷纷来到拉萨欢度自己的藏历新年。图为康巴汉子及家人在围绕布达拉宫转经。

摄影者名单

（排序按作品出现顺序排列）

贡博扎布·采别科维奇·崔比科夫　　约翰·克劳德·怀特　　全绍清　　青木文教

查尔斯·阿尔弗雷德·贝尔　　詹姆斯·莱斯利堰·威尔　　弗雷德里克·斯宾塞·查普曼

车仁·晋美松赞旺布　　徐乐天　　范石林　　顿珠郎加擦绒

弗拉迪米尔·西丝和约瑟夫·沃尼什　　蓝志贵　　林安波　　任用昭　　刘丽嘉　　袁克忠

李焕民　　顾绶康　　刘前刚　　扎顿　　张守国　　黄建鹏　　黄炎昊　　鞠宏　　扎西次仁

◆ 本书所用图片由南京国人文化广告传播有限公司提供

作者简介

黄建鹏，1964 年出生于四川成都，毕业于南京师范大学美术系。艺术品投资人、摄影收藏家、策展人、研究中国摄影史及西藏摄影史的学者、黄建鹏画廊创办人、南京国人文化广告传播有限公司总经理。

黄建鹏从 1992 年收藏第一幅摄影作品开始，至今已有三十年的摄影作品收藏经历，主要收藏和研究中国摄影史中大师、大家的代表作品及现代摄影史上经典的名作和 19 世纪后半叶及 20 世纪西藏多位重要摄影师的代表作品。黄建鹏是国际上收藏 20 世纪中国摄影作品最为重要的藏家之一。

2009 年，作为独立策展人在中国美术馆策展了“见证西藏民主改革——蓝志贵 1950-1970 西藏摄影作品展”。2010 年，作为独立策展人，在南京博物院策展了“回眸经典——中国摄影大师蓝志贵、庄学本藏族摄影作品精品展”。2017 年 11 月至 2018 年 1 月，于厦门举行的第三届集美·阿尔勒国际摄影季，“藏家故事”版块展出了“缘—黄建鹏藏摄影大师郎静山、薛子江、蓝志贵作品展”。2018 年 4 月 23 日至 5 月 3 日，“黄建鹏藏摄影大师蓝志贵西藏经典作品展”在南京师范大学美术馆展出。2019 年 3 月 29 日至 5 月 1 日，策展的“庆祝中华人民共和国成立 70 周年、纪念西藏民主改革 60 周年、绽放的雪莲——蓝志贵个人摄影作品展”，在布达拉宫展出。

主要成就：2019 年 12 月在中国美术馆展出了“光与影里的故事——黄建鹏藏二十世纪中国摄影作品展”，此展为中国美术馆历史上首次个人摄影作品收藏展。

图书在版编目（CIP）数据

布达拉宫的流动画卷 / 黄建鹏编著. -- 北京：中国藏学出版社，2022.11
ISBN 978-7-5211-0412-7

Ⅰ. ①布… Ⅱ. ①黄… Ⅲ. ①布达拉宫－摄影集
Ⅳ. ①K928.75-64

中国版本图书馆CIP数据核字(2022)第198084号

布达拉宫的流动画卷　　黄建鹏　编著

出版：中国藏学出版社
发行：中国藏学出版社
责任编辑：张欣　马建军
特邀编辑：夏德丽　戴曾怡
美术编辑：李建雄
印刷：北京隆昌伟业印刷有限公司
开本：787×1092　1/12
印张：11.6
印次：2022年11月第1版第1次
印数：3000
书号： ISBN 978-7-5211-0412-7
定价：198.00元